CHOISISSEZ L'ORIGINAL

NOUVEL EXAMEN

160 QUESTIONS

TESTS DE LA ROUTE ROUSSEAU

CODES ROUSSEAU

Le meilleur de la pédagogie

PRÉSENTATION

Chaque test comporte 40 questions.
Lors de l'examen officiel du permis de conduire,
il faut au moins 35 bonnes réponses pour être reçu.

Chaque question comporte :

SÉRIE 1 — La sécurité du passager et du véhicule (S)

Le thème de la question.

Une photo représentant une situation de conduite (parfois une illustration).

7

L'installation d'un siège bébé dos à la route est possible :

- à l'arrière du véhicule OUI — A ☐
  NON — B ☐
- à l'avant du véhicule OUI — C ☐
  NON — D ☐

Une question, des propositions de réponse.

Le conducteur est responsable de l'installation des jeunes passagers.

CODES ROUSSEAU

14

Conseil ou complément d'information.

UTILISATION

Ces tests peuvent s'utiliser pendant l'apprentissage, et en fin de formation pour contrôler ses connaissances.

Pour RÉPONDRE :

- **Regardez l'ensemble de la situation,** en particulier les panneaux, les marquages au sol, et les rétroviseurs.
- **Lisez attentivement le texte** de la question, car chaque mot compte.
- **Cochez** la ou les cases correspondant aux propositions de réponse qui vous paraissent justes.
- **Répondez en cochant les cases** prévues en face des propositions exactes.
- **Certaines questions sont sous forme de vidéos** utilisez votre smartphone pour visionner la question, en scannant le QR Code associé.

Téléchargez* gratuitement
l'application de scan QR Code de votre choix sur Apple Store ou sur Androïd Market.

Lancez l'application et scannez le code.

La vidéo s'affiche sur votre téléphone !

** Vérifiez auprès de votre opérateur votre forfait Internet mobile.*

CONSIGNES

Vous devez vous considérer comme le conducteur de la voiture d'où a été prise la photo.

Pour répondre aux questions, vous êtes considéré comme un conducteur expérimenté après la période probatoire du permis.

Vous roulez à allure normale, proche de la vitesse maximale autorisée.

Pour les questions relatives au dépassement, il est convenu que votre vitesse et les possibilités d'accélération de votre voiture permettent d'effectuer la manœuvre rapidement.

Attention !
Il y a toujours au moins une proposition de réponse exacte par question.

Pour CORRIGER :

- **Comparez** vos réponses à la grille de correction qui figure juste après la dernière question de chaque test.
- **Les réponses incomplètes** ou comportant une erreur sont considérées comme fausses.
- **Si vous avez plusieurs erreurs** dans un même thème, reportez-vous au chapitre correspondant dans votre Code Rousseau.

N° de la question

Q	Th	R
1	C	A
2	D	B
3	L	BC
4	U	A
5	C	B
6	P	AC
7	S	AC

Thème de la question :

- **L** LA CIRCULATION ROUTIÈRE
- **C** LE CONDUCTEUR
- **R** LA ROUTE
- **U** LES AUTRES USAGERS
- **D** LES NOTIONS DIVERSES
- **A** LES PREMIERS SECOURS
- **P** PRENDRE ET QUITTER SON VÉHICULE
- **M** LA MÉCANIQUE ET LES ÉQUIPEMENTS
- **S** LA SÉCURITÉ DU PASSAGER ET DU VÉHICULE
- **E** L'ENVIRONNEMENT

SÉRIE 1

1

L'alcool risque d'accentuer les effets des médicaments :

OUI —— A ☐

NON —— B ☐

Médicaments et alcool : un cocktail incompatible avec la conduite !

CODES ROUSSEAU

SÉRIE 1

Les notions diverses D

2

Ne pas s’arrêter à un contrôle, c’est commettre :

- un délit de fuite	OUI	A	☐
	NON	B	☐
- un refus d’obtempérer	OUI	C	☐
	NON	D	☐

Le refus d’obtempérer vaut une amende de 3 750 € ;
le délit de fuite c’est au maximum 75 000 €.

CODES ROUSSEAU

3

Stationner en marche avant :

- facilite la manœuvre à l'arrivée

  OUI — A ☐

  NON — B ☐

- augmente le risque lors du départ

  OUI — C ☐

  NON — D ☐

Manœuvrer nécessite une réflexion pour choisir la meilleure solution !

4

Le conducteur de la voiture rouge à fait le bon choix en ralentissant et en ne klaxonnant pas :

OUI ———— A ☐

NON ———— B ☐

Intervenir sur l'attitude d'un usager c'est entrer en conflit avec lui... Choisir un comportement apaisé !

5

Une distance de sécurité correcte est égale au minimum à :

- 1 seconde ——— A ☐
- 2 secondes ——— B ☐

Une distance de sécurité se mesure selon la vitesse adoptée.

SÉRIE 1

Prendre et quitter son véhicule

6

Avant de monter dans la voiture, il faut vérifier l'espace libre :

- à l'avant	OUI	A	☐
	NON	B	☐
- à l'arrière	OUI	C	☐
	NON	D	☐

Faire le tour du véhicule est un gage de sécurité !

7

L'installation d'un siège bébé dos à la route est possible :

- à l'arrière du véhicule OUI — A
  NON — B
- à l'avant du véhicule OUI — C
  NON — D

Le conducteur est responsable de l'installation des jeunes passagers.

CODES ROUSSEAU

SÉRIE 1

La mécanique
et les équipements

M

8

Le 1er contrôle technique d'une voiture neuve se fait dans les 6 mois précédant :

- la deuxième année ———— A ☐
- la quatrième année ———— B ☐
- la sixième année ———— C ☐

Quelques années sans contraintes avant le 1er contrôle technique !

CODES ROUSSEAU

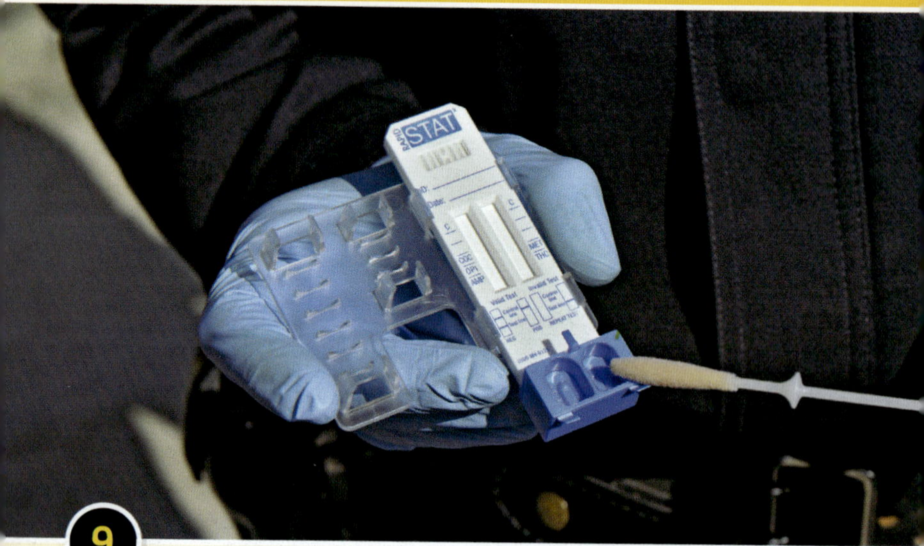

9

Un conducteur positif au cannabis encourt :

- un retrait de 6 points — OUI — A ☐ / NON — B ☐
- une suspension de permis — OUI — C ☐ / NON — D ☐

Un joint de 1 % de THC, c'est l'équivalent d'une alcoolémie de 0.30 g/l de sang.

CODES ROUSSEAU

10

Je suis la voiture blanche :

OUI ——— A ☐

NON ——— B ☐

Affiner le regard pour choisir la bonne action.

11

Dépasser présente un risque :

OUI —— A ☐

NON —— B ☐

Réfléchir aux comportements des uns et des autres : ne pas s'emballer.

12

En cas de freinage brutal, ces objets posés sur la plage arrière :

- risquent de devenir des projectiles dangereux — A ☐
- sont inoffensifs —————————————— B ☐
- sont toujours arrêtés par les appuie-têtes ——— C ☐

Arrimer des objets lourds, c'est disposer méthodiquement et fixer solidairement.

CODES ROUSSEAU

13

La prise de cannabis :

- augmente la prise de risques

OUI —— A

NON —— B

- réduit le temps de réaction

OUI —— C

NON —— D

Le cannabis est – après l'alcool – la substance psychoactive la plus fréquemment trouvée chez le conducteur.

14

Rouler à cette allure durant 100 km :

- permet d'économiser du carburant

OUI — A

NON — B

- fait perdre environ

14 mn — C

4 mn — D

Rouler vite, c'est une perte d'énergie et un gain de temps ?

15

Ce conducteur a raison :

- de circuler près du trottoir

OUI — A

NON — B

- de circuler feux allumés

OUI — C

NON — D

Des comportements respectueux sont à adopter pour les plus vulnérables.

CODES ROUSSEAU

16

L'ouverture de la portière est correcte :

OUI ——————— A ☐

NON ——————— B ☐

En cas de choc, le responsable est le véhicule :

- roulant ——— C ☐

- garé ——————— D ☐

La précipitation est parfois très néfaste...

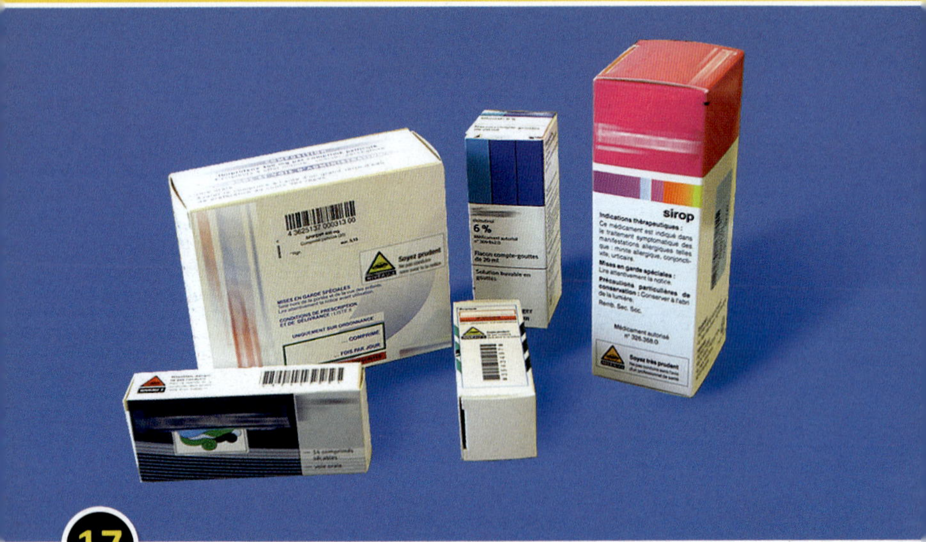

17

Seuls les médicaments comportant un pictogramme rouge ou orange ont des effets néfastes sur la conduite :

OUI — A ☐

NON — B ☐

Somnifères, tranquillisants, antibiotiques... Hum, mieux vaut rester au lit !

18

Cet enfant crée une zone d'incertitude :

OUI ——— A ☐

NON ——— B ☐

Je place le pied face au frein :

OUI ——— C ☐

NON ——— D ☐

Quelles sont les intentions de cet enfant ? Reculer ? Traverser ???

SÉRIE 1

La sécurité du passager et du véhicule

S

19

Certains régulateurs de vitesse aident au maintien des espaces de sécurité avant :

OUI — A ☐

NON — B ☐

Réguler pour être serein,
réguler c'est chercher de la sécurité !

CODES ROUSSEAU

20

La principale cause d'éclatement d'un pneu est :

- l'usure ——— A
- le surgonflage ——— B
- le sous-gonflage ——— C

Il faudrait être gonflé pour ne pas perdre quelques indicateurs d'usure.

21

Lors d'un long trajet, je fais une pause :

- au moins toutes les heures ———— A ☐
- au moins toutes les 2 heures ———— B ☐
- au moins toutes les 4 heures ———— C ☐

17 heures d'activités consécutives...
Et la distance d'arrêt s'allonge !

CODES ROUSSEAU

22

Ce panneau indique que la vitesse est contrôlée durant la traversée du chantier :

OUI ———— A ☐

NON ———— B ☐

La signalisation avertit de l'existence des radars et les radars flashent dès que les vitesses sont excessives…

CODES ROUSSEAU

23

Le marquage au sol est :

- temporaire ———— A
- permanent ———— B

Les marquages au sol ont un sens selon leurs couleurs...

SÉRIE 1

Les autres usagers **U**

24

Je dépasse ———————— A ☐

ou

j'attends pour dépasser ———————— B ☐

Prendre en compte « passage à niveau », ralentisseurs , ligne axiale, et usagers vulnérables ; patience !

25

Je fais un appel lumineux —— A ☐
Je fais clignoter les feux STOP —— B ☐
Je mets le rétroviseur en position nuit —— C ☐

L'éblouissement peut être douloureux ;
il faut y remédier.

CODES ROUSSEAU

26

Durant la période probatoire, je suis un stage de sécurité routière si je commets une infraction entraînant un retrait de :

- 1 point — A ☐
- 2 points — B ☐
- 3 points — C ☐
- 4 points — D ☐

3 poings ou 4 poings , ça dépend du coup !

CODES ROUSSEAU

27

Avant de sortir du véhicule, je contrôle le rétroviseur :

- intérieur
  - OUI — A ☐
  - NON — B ☐
- extérieur
  - OUI — C ☐
  - NON — D ☐

2 coups d'œil valent mieux qu'un !

28

Ce cadran indique la vitesse du moteur :

OUI —— A ☐

NON —— B ☐

C'est une aide utile à l'écoconduite :

OUI —— C ☐

NON —— D ☐

A mille tours minute ça va ; à 5000, c'est chaud !

CODES ROUSSEAU

29

J'allume les feux de détresse :

OUI — A
NON — B

Je peux être le dernier d'une file et ne pas être en détresse.

CODES ROUSSEAU

SÉRIE 1

La mécanique et les équipements

30

J'ajoute du liquide lave-glace :

- en A — A ☐
- en B — B ☐
- en C — C ☐

Lave-glace et liquide de refroidissement ne font pas bon ménage !

CODES ROUSSEAU

31

Je porte plus d'attention au piéton :

- A ———— A ☐
- B ———— B ☐

L'attention c'est bien, ralentir et s'écarter c'est mieux.

CODES ROUSSEAU

32

VIDEO

Je m'engage :

OUI — A ☐

NON — B ☐

Quitter une voie, c'est s'engager sur une autre voie.

CODES ROUSSEAU

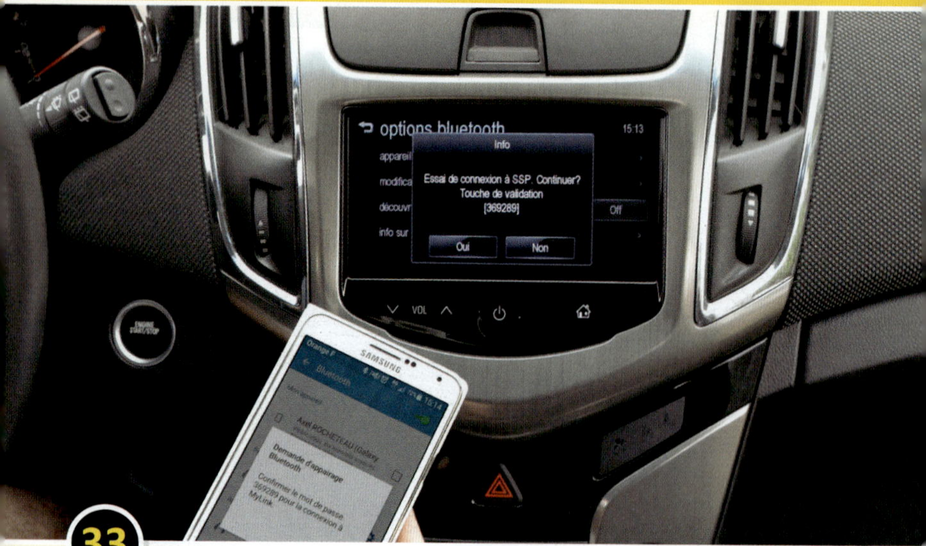

33

Je connecte mon téléphone au bluetooth de la voiture :

- à l'arrêt ———— A ☐
- en roulant ———— B ☐

Connectez-vous autant que vous voulez mais ne vous déprogrammez jamais !

CODES ROUSSEAU

34

Déplacer un blessé est interdit quel que soit le cas :

OUI —— A ☐

NON —— B ☐

Déplacer un blessé peut être nécessaire en cas d'asphyxie par exemple.

35

L'A.F.U. (Aide au Freinage d'Urgence) permet :

- de renforcer le freinage en cas d'urgence —— A ☐
- de freiner à la place du conducteur —— B ☐
- d'améliorer la tenue de route —— C ☐

Détecteur de l'urgence d'un freinage amplifié.

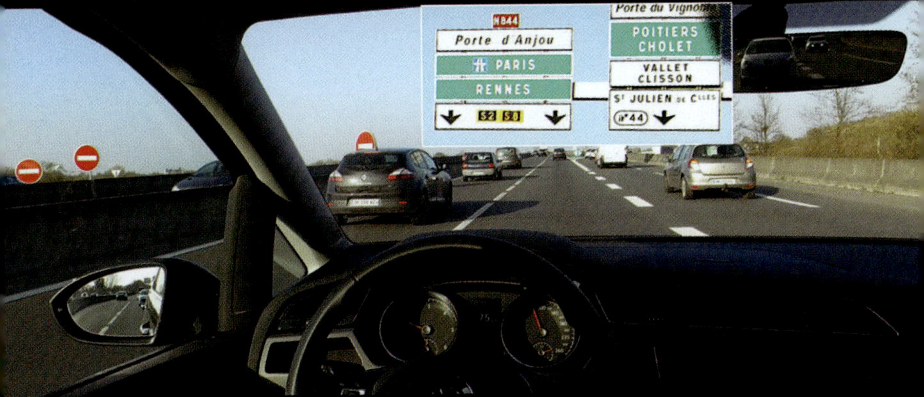

36

Je suis bien placé pour aller à PARIS :

OUI ——— A

NON ——— B

Je suis bien placé pour aller à CHOLET :

OUI ——— C

NON ——— D

Anticipation nécessaire pour le choix des voies de circulation.

37

Rouler à 90 km/h, c'est parcourir environ :

- 15 m/s —— A
- 25 m/s —— B
- 35 m/s —— C
- 45 m/s —— D

90 km/h maximum sur une route à double sens de circulation et des mètres par seconde !

CODES ROUSSEAU

SÉRIE 1

L'environnement E

38

Conduire les vitres ouvertes entraîne une surconsommation importante de carburant :

- en ville

OUI ——— A

NON ——— B

- sur autoroute

OUI ——— C

NON ——— D

L'aérodynamisme ne supporte pas des vitres ouvertes.

CODES ROUSSEAU

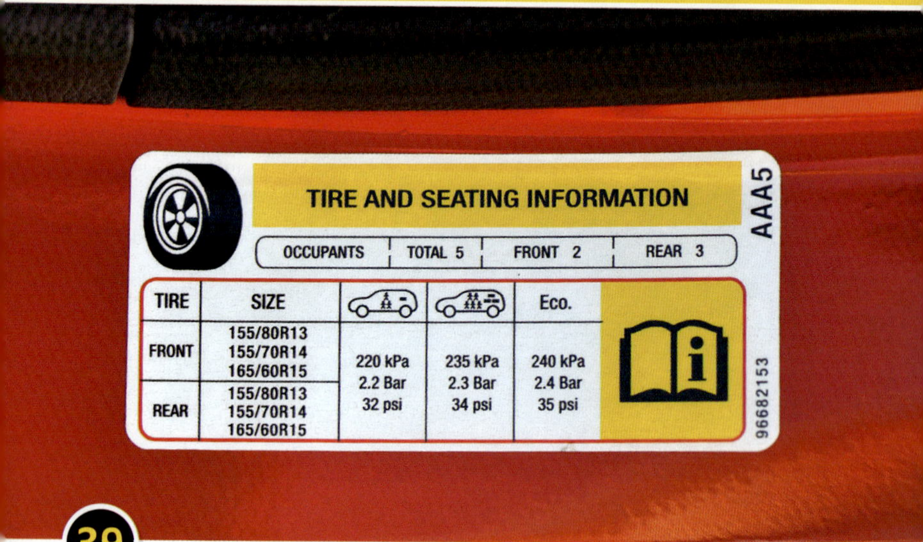

39

Cette indication présente dans tous les véhicules donne des renseignements sur :

- l'installation de la roue de secours ——— A ☐
- la pression des pneus ——— B ☐
- le chargement du coffre ——— C ☐

Calculer les bars en kilopascals !

CODES ROUSSEAU

40

Dans cette rue, je roule :

- en feux de route —— A
- en feux de croisement —— B
- avec les seuls feux diurnes —— C

Des feux si je veux .

SÉRIE 1

Grille de correction

Q	Th	R
1	C	A
2	D	B
3	L	BC
4	U	A
5	C	B
6	P	AC
7	S	AC
8	M	B
9	C	AC
10	L	B
11	U	A
12	D	A
13	C	AD
14	E	AD
15	R	BC
16	P	BD
17	C	B
18	U	AC
19	S	A
20	M	C

Q	Th	R
21	C	B
22	R	A
23	L	A
24	U	B
25	C	BC
26	D	CD
27	P	AC
28	E	AC
29	C	A
30	M	A
31	U	A
32	R	A
33	C	A
34	A	B
35	S	A
36	L	AD
37	C	B
38	E	BC
39	M	B
40	R	B

CODES ROUSSEAU

SÉRIE 2

1

Le conducteur du camion me voit :

OUI — A
NON — B

Je circule en sécurité :

OUI — C
NON — D

Encombrement du camion sur la chaussée et inter-distance non respectée.

CODES ROUSSEAU

2

Perdre tous les points lors de la période probatoire équivaut à un permis invalidé :

OUI —— A ☐

NON —— B ☐

Voiture, moto... Sans point et sans permis, que faire ?

CODES ROUSSEAU

3

Je règle le disque sur l'heure d'arrivée :

OUI ——— A ☐

NON ——— B ☐

Le stationnement est payant :

OUI ——— C ☐

NON ——— D ☐

Limite de la gratuité !

CODES ROUSSEAU

4

Ces piétons ont raison de marcher de ce côté :

OUI —— A ☐

NON —— B ☐

Ralentissement et précautions primordiales.

5

J'ai pris la bonne décision :

OUI —— A ☐

NON —— B ☐

Des indices et des comportements adaptés aux situations...

CODES ROUSSEAU

6

Je suis en retard, je pars immédiatement :

OUI ———— A ☐

NON ———— B ☐

S'il y a de la gêne, il n'y a pas de plaisir !

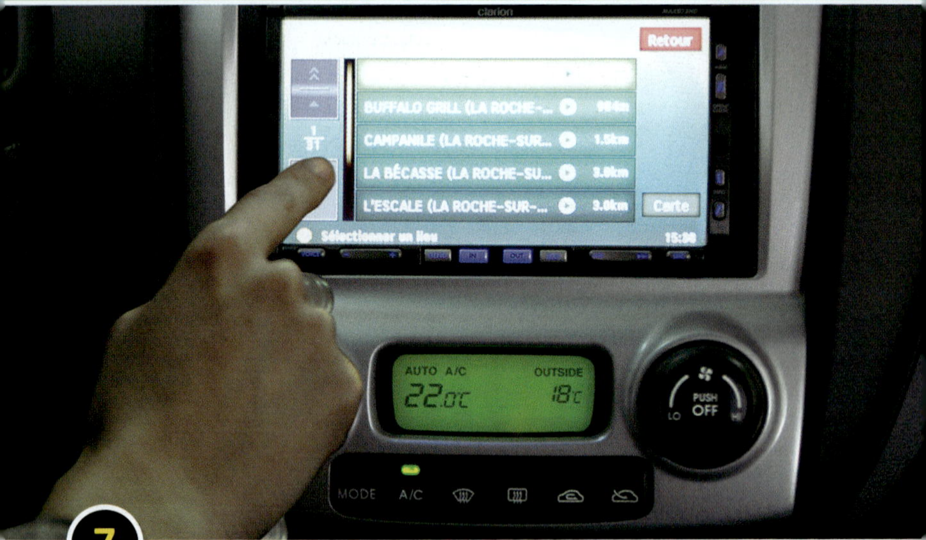

7

Je vais suivre un itinéraire, je programme mon GPS avant de démarrer :

OUI ——— A ☐

NON ——— B ☐

Programmer et anticiper.

8

Ce témoin vient de s'allumer :

- je continue —— A ☐
- je m'arrête sur les zébrures à droite —— B ☐

Un témoin sans trop d'importance...

CODES ROUSSEAU

9

Je suis à plus de 2 secondes de ce véhicule :

OUI ——— A ☐

NON ——— B ☐

2 lignes de la bande d'arrêt d'urgence sont nécessaires !

CODES ROUSSEAU

10

Je continue le dépassement :

OUI — A

NON — B

Des précautions plutôt que des tentatives.

CODES ROUSSEAU

11

Je freine fort :

OUI — A

NON — B

Je m'écarte :

OUI — C

NON — D

Anticipation et observation sont nécessaires.

CODES ROUSSEAU

12

Le permis B permet de conduire :

- une voiture à boîte automatique

OUI ——— A ☐

NON ——— B ☐

- une voiture à boîte manuelle

OUI ——— C ☐

NON ——— D ☐

Des entraînements sont nécessaires pour passer de « l'automatique » au « manuel »

13

L'absence de clignotants dans un rond-point est source d'accident :

OUI —— A ☐

NON —— B ☐

Les clignotants sont des communicants !

CODES ROUSSEAU

14

Les parcs-relais facilitent l'accès aux transports en commun :

OUI —— A ☐

NON —— B ☐

Le stationnement est gratuit :

OUI —— C ☐

NON —— D ☐

Il faut savoir oublier sa voiture.

15

Je démarre —— A ☐

J'attends pour démarrer —— B ☐

Se munir de patience.

CODES ROUSSEAU

16

Le moteur est coupé, la conductrice descend immédiatement du véhicule :

OUI ——— A ☐

NON ——— B ☐

Contrôle direct... Se retourner !

17

Je fais un appel lumineux et je dépasse ———— A ☐

Je renonce au dépassement ———— B ☐

Hésiter ou agir prudemment,
c'est faire le bon choix !

CODES ROUSSEAU

18

Cet ouvrier crée une zone d'incertitude :

OUI — A ☐

NON — B ☐

Je m'écarte :

OUI — C ☐

NON — D ☐

L'incertitude est toujours à prendre en compte.

CODES ROUSSEAU

19

L' A.F.U. (Aide au Freinage d'Urgence) est obligatoirement liée à la présence d'un système d'anti blocage de roues :

OUI — A ☐

NON — B ☐

L'ABS a un lien étroit avec l'AFU.

20

Il faut généralement changer les essuie-glaces :

- une fois par mois — A
- une fois par an — B
- tous les 3 ans — C

Les essuie-glaces ne doivent pas rayer le pare- brise.

21

Le clignotant gauche est allumé, je change de voie :

OUI ——— A ☐

NON ——— B ☐

Les rétroviseurs sont primordiaux en conduite…

22

VIDEO

J'augmente la distance de sécurité :

OUI —— A ☐

NON —— B ☐

Entre 2 pointillés, une dizaine de mètres, faites le compte !

23

L'application stricte de la priorité à droite permet de franchir aisément cette intersection :

OUI — A

NON — B

Dans l'inextricable, il faut avec des gestes, faire comprendre ce que l'on souhaite.

24

Pour tourner à droite, je passe :

- devant le cycliste ——— A ☐
- derrière le cycliste ——— B ☐

Une bande cyclable, un cycliste, un comportement adéquat.

CODES ROUSSEAU

25

Je porte une attention particulière au véhicule :

A	A	☐
B	B	☐
C	C	☐

Celui qui recule n'a pas de visibilité !

CODES ROUSSEAU

26

Cette installation présente un risque :

OUI — A ☐

NON — B ☐

Vitesse de déploiement d'un airbag : 300 km/h !

CODES ROUSSEAU

27

Cette conductrice est bien installée :

OUI —— A ☐

NON —— B ☐

Mettez-vous à l'aise !

CODES ROUSSEAU

28

Rouler en dessous des vitesses maximales autorisées permet :

- d'économiser du carburant —— A
- d'être moins stressé —— B
- de moins polluer —— C
- de moins observer la circulation —— D

Conduite sereine et anticipation sont les mamelles des déplacements.

29

Je surveille plus particulièrement :

- l'indice A — A ☐
- l'indice B — B ☐
- l'indice C — C ☐
- l'indice D — D ☐

Toujours surveiller le plus vulnérable.

CODES ROUSSEAU

30

Les feux de croisement éclairent davantage à droite qu'à gauche :

OUI —— A ☐

NON —— B ☐

Eviter les éblouissements, c'est un gain de sûreté.

31

J'allume le clignotant :

OUI —— A ☐

NON —— B ☐

Je dépasse :

OUI —— C ☐

NON —— D ☐

Agir en douceur et jauger la situation…

CODES ROUSSEAU

32

Je dépasse et je prends la prochaine sortie :

OUI —— A ☐

NON —— B ☐

Un manque d'anticipation à hauteur d'une ligne de dissuasion.

CODES ROUSSEAU

33

Je ralentis — A ☐
Je klaxonne — B ☐
Je fais un appel lumineux — C ☐

Pas de bruit la nuit mais de la lumière, oui !

CODES ROUSSEAU

34

J'utilise un défibrillateur si la victime est inconsciente et :

- respire

OUI ———— A ☐

NON ———— B ☐

- ne respire plus

OUI ———— C ☐

NON ———— D ☐

Pas de panique ; faire de son mieux.

35

L'utilisation de la caméra de recul dispense :

- d'utiliser les rétroviseurs

OUI — A
NON — B

- de se retourner

OUI — C
NON — D

Des yeux, des rétroviseurs, des caméras, des torsions corporelles...

CODES ROUSSEAU

36

Pour stationner dans cette rue :

- je braque les roues contre le trottoir

OUI ———— A ☐

NON ———— B ☐

- j'engage la marche arrière

OUI ———— C ☐

NON ———— D ☐

Prendre des précautions avant de quitter le véhicule...

CODES ROUSSEAU

37

La distance de sécurité est :

- suffisante — A ☐
- insuffisante — B ☐

26 mètres à 70 km/h, ça devrait aller ?

CODES ROUSSEAU

38

Le STOP & START permet :

- de moins polluer

OUI — A ☐

NON — B ☐

- de moins consommer

OUI — C ☐

NON — D ☐

Un peu d'air pour respirer mieux !

CODES ROUSSEAU

39

Le contrôle technique effectué avant la vente d'un véhicule est à la charge :

- de l'acheteur — A
- du vendeur — B

Il a moins de :

- 6 mois — C
- 1 an — D

Le contrôle technique est une sécurité pour l'acheteur et une mise en conformité...

40

Je cède le passage au camion :

OUI ———— A ☐

NON ———— B ☐

Je change de voie :

OUI ———— C ☐

NON ———— D ☐

Un différentiel de vitesse existe entre le poids lourd et ma voiture !

CODES ROUSSEAU

SÉRIE 2 | Grille de correction

Q	Th	R
1	C	BD
2	D	A
3	L	AD
4	U	A
5	C	B
6	P	B
7	S	A
8	M	A
9	C	B
10	L	B
11	U	BD
12	D	AC
13	C	A
14	E	AC
15	R	B
16	P	B
17	C	B
18	U	AC
19	S	A
20	M	B

Q	Th	R
21	C	B
22	R	B
23	L	B
24	U	B
25	C	A
26	D	A
27	P	B
28	E	ABC
29	C	C
30	M	A
31	U	AD
32	R	B
33	C	AC
34	A	BC
35	S	BD
36	L	AC
37	C	B
38	E	AC
39	M	BC
40	R	BC

CODES ROUSSEAU

SÉRIE 3

1

Pour contacter un ami en conduisant :

- j'envoie un SMS

OUI — A

NON — B

- je téléphone rapidement

OUI — C

NON — D

Il est obligatoire de s'abstenir...

2

Dans la 1ère année, un conducteur novice perd son permis dès la 1ère infraction en cas :

- d'alcoolémie positive — A ☐
- de franchissement de ligne continue — B ☐
- de délit de fuite — C ☐

Boire ou conduire, il faut choisir !

3

Je suis bien placé pour stationner :

OUI — A ☐

NON — B ☐

La règle est de ne pas gêner les autres usagers...

CODES ROUSSEAU

SÉRIE 3

Les autres usagers U

4

En s'arrêtant, le conducteur de cette voiture a pris la bonne décision :

OUI ——— A ☐

NON ——— B ☐

Feu rouge ; bus arrêté : penser aux passagers devenus piétons...

CODES ROUSSEAU

5

VIDEO

Je laisse une distance de sécurité suffisante :

OUI ——— A ☐

NON ——— B ☐

La ligne à droite aide à l'évaluer :

OUI ——— C ☐

NON ——— D ☐

Bonne sécurité devant mais pas derrière !

CODES ROUSSEAU

6

Cette installation est :

- autorisée

OUI — A

NON — B

- dangereuse

OUI — C

NON — D

Un chien en guise d'airbag ???

7

L'E.S.P, ou stabilisateur électronique, permet :

- d'améliorer le freinage

OUI ——— A

NON ——— B

- d'améliorer la tenue de route

OUI ——— C

NON ——— D

Si perte d'adhérence, répartition du freinage sur chacune des roues !

CODES ROUSSEAU

8

Le liquide lave-glace est utile :

- l'hiver

OUI —— A ☐

NON —— B ☐

- l'été

OUI —— C ☐

NON —— D ☐

La crasse, c'est l'hiver comme l'été !

9

Les 3 principaux facteurs d'accidents mortels chez les 18/24 ans sont :

- l'alcool ——— A ☐
- la vitesse ——— B ☐
- la fatigue ——— C ☐
- le manque d'entretien du véhicule ——— D ☐

Alcool, vitesse, fatigue : des excès pour de vrais dangers.

CODES ROUSSEAU

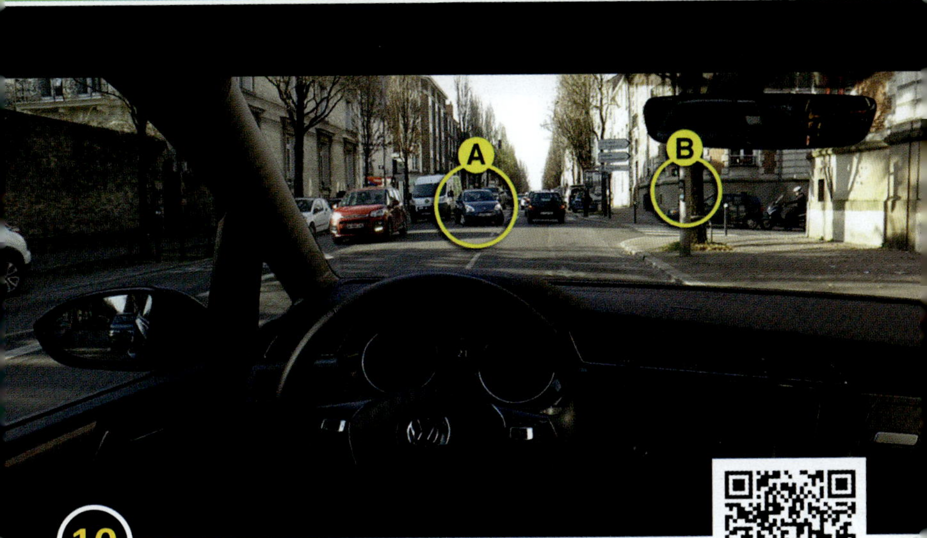

10

L'indice principal se trouve en zone :

- A ——— A ☐
- B ——— B ☐

Je mets le pied au-dessus du frein :

OUI ——— C ☐
NON ——— D ☐

Un indice de risque est toujours à prendre en compte.

11

Je place le pied au dessus du frein :

OUI — A ☐

NON — B ☐

Je me déporte :

OUI — C ☐

NON — D ☐

Sécurité : ralentir, serrer à gauche...

CODES ROUSSEAU

12

La réglementation autorise le dépassement d'un chargement :

- de plus de 1 mètre à l'avant

OUI — A ☐

NON — B ☐

- de plus de 3 mètres à l'arrière

OUI — C ☐

NON — D ☐

Des règles et des chargements à respecter ...

13

L'expérience permet de choisir les indices importants :

OUI ——— A ☐

NON ——— B ☐

Un indice est un signe qui révèle l'existence d'une chose à prendre en compte.

14

Lors d'un départ à froid, la solution la moins polluante est :

- de faire chauffer le moteur à l'arrêt —— A ☐

ou

- de rouler en douceur sur 2 km —— B ☐

Roulez, roulez, il en restera toujours quelque chose !

15

Je dépasse ce véhicule par la droite :

OUI — A ☐

NON — B ☐

Chacun sa voie, chacun sa destination !

CODES ROUSSEAU

16

Une bonne installation permet :

- de manipuler facilement les commandes

OUI —— A

NON —— B

- de bien voir la route

OUI —— C

NON —— D

Là où il y a de la gêne, il n'y a pas de plaisir ; se mettre à l'aise !

CODES ROUSSEAU

17

Ce panneau m'aide à évaluer la distance de sécurité :

OUI ——— A ☐

NON ——— B ☐

Je suis à plus de 2 secondes du véhicule devant moi :

OUI ——— C ☐

NON ——— D ☐

Ne pas coller aux roues d'un véhicule qui précède ; laisser de la marge !

18

Je me place à côté du camion —— A ☐

ou

je reste en retrait —— B ☐

19

Ces enfants sont correctement attachés :

OUI ——— A ☐

NON ——— B ☐

Des enfants et des sièges homologués.

CODES ROUSSEAU

20

Ce voyant s'allume en circulation, il indique un manque de pression d'huile :

OUI ———— A ☐
NON ———— B ☐

Je m'arrête immédiatement :

OUI ———— C ☐
NON ———— D ☐

Il y a des voyants qu'il faut surveiller impérativement !

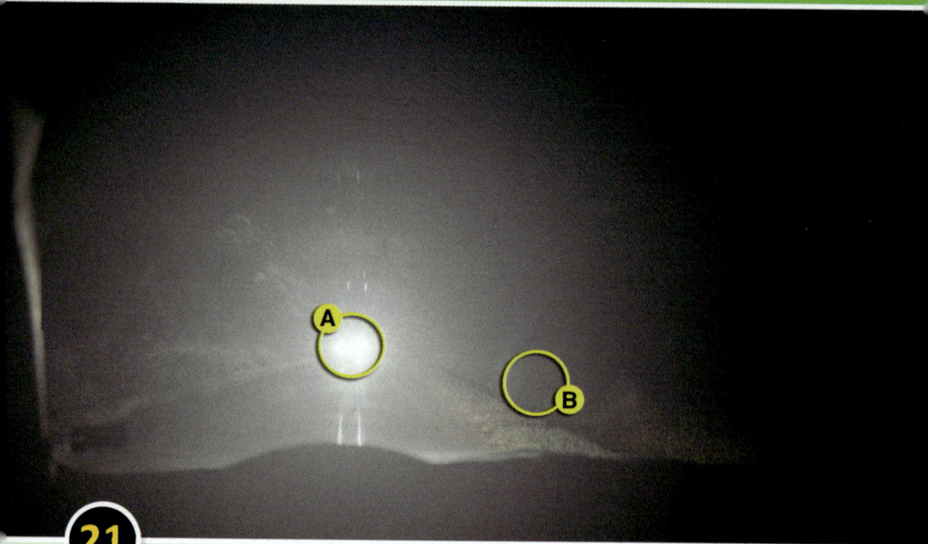

21

Lors de croisements la nuit, je m'oblige à diriger le regard vers la zone :

- A ——— A ☐
- B ——— B ☐

Voir, là où ça fait moins mal.

CODES ROUSSEAU

22

Pour prendre la sortie 27, je me place à droite immédiatement :

OUI ——— A ☐

NON ——— B ☐

Restez où vous êtes ! 200 m, c'est long !

CODES ROUSSEAU

23

Je ralentis ———— A ☐

Je freine ———— B ☐

Je maintiens l'allure ———— C ☐

N'accélérez surtout pas.

CODES ROUSSEAU

24

Heurté à 50 km/h par une voiture, les chances de survie d'un piéton sont de :

- 90 % —— A ☐
- 50 % —— B ☐
- 20 % —— C ☐

50 km/h contre un corps humain, c'est énorme !

CODES ROUSSEAU

25

Ce dispositif est autorisé en conduisant :

OUI —— A ☐

NON —— B ☐

Ne faites pas 36 choses à la fois ! Concentrez-vous sur une tâche et privilégiez la sécurité.

CODES ROUSSEAU

26

Dans un coffre de toit, je place en priorité les objets les plus lourds :

OUI ——— A ☐

NON ——— B ☐

Chargez le plus bas possible !

27

Pour être bien installé, il est possible de régler le volant :

- en hauteur

OUI ——— A ☐

NON ——— B ☐

- en profondeur

OUI ——— C ☐

NON ——— D ☐

Mettez-vous à l'aise et soyez vigilant.

28

L'étiquette énergie informe :

- de la consommation de carburant

OUI — A ☐

NON — B ☐

- des émissions en CO_2

OUI — C ☐

NON — D ☐

Consultez les étiquettes énergie avant de vous enthousiasmer.

29

Je suis à bonne distance du camping car :

OUI ———— A ☐

NON ———— B ☐

Environ 26 mètres entre le camping-car et vous…
A 90 km/h c'est « limite » !

30

Le symbole permettant de localiser les témoins d'usure est identique sur tous les pneus :

OUI ———— A ☐

NON ———— B ☐

Cherchez les témoins d'usure et surveillez la profondeur des rainures…

CODES ROUSSEAU

31

- Je surveille les piétons — A
- Je surveille les cyclistes — B
- Je klaxonne dès que possible — C
- Je roule au pas — D

Nécessité de rouler au pas dans cette zone 20 (de rencontre).

CODES ROUSSEAU

32

En cas d'aquaplaning :

- je freine —— A ☐
- je lâche l'accélérateur —— B ☐
- je maintiens la trajectoire —— C ☐

Trop vite, l'eau est puissante et peut soulever le véhicule !

33

Le risque d'être impliqué dans un accident augmente lorsque je téléphone :

- en tenant l'appareil à la main

OUI — A ☐

NON — B ☐

- en utilisant le système intégré au véhicule

OUI — C ☐

NON — D ☐

Ne vous mettez pas en péril ; le confort existe sur une place de parking.

34

Porter secours est plus efficace si je commence par :

- baliser et sécuriser les lieux ———— A ☐
- appeler les secours ———— B ☐
- évaluer l'état des victimes ———— C ☐
- aider les victimes ———— D ☐

Ne balisez pas ; gardez votre sang-froid et tout ira bien !

CODES ROUSSEAU

35

Avec un véhicule équipé d'ABS, les distances d'arrêt sur sol sec sont fortement réduites :

OUI ———— A ☐

NON ———— B ☐

Evitez le blocage des roues lors d'un freinage violent !

CODES ROUSSEAU

36

Je vais subir un appel d'air :

OUI — A

NON — B

Je tiens fermement le volant :

OUI — C

NON — D

Ralentissez ! Accrochez-vous !

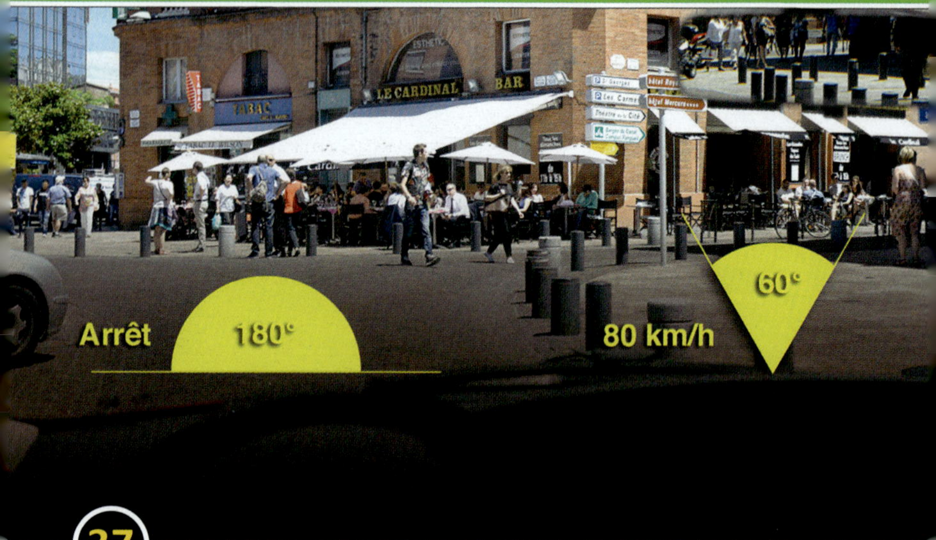

37

Le champs visuel d'un conducteur est d'environ :

- 180 degrés à l'arrêt

OUI —— A ☐

NON —— B ☐

- 60 degrés à 80 km/h

OUI —— C ☐

NON —— D ☐

Plus on roule vite, plus le champ visuel rétrécit.

CODES ROUSSEAU

38

Ce symbole aide à l'écoconduite :

OUI — A ☐

NON — B ☐

Je suis en sur-régime

OUI — C ☐

NON — D ☐

Ne forcez pas ! Adoptez une conduite souple !

39

Cette commande permet de régler :

- la hauteur des feux

OUI — A ☐

NON — B ☐

- la distance d'éclairage des feux

OUI — C ☐

NON — D ☐

Réglez vos feux de manière à avoir la meilleure visibilité !

CODES ROUSSEAU

40

La chaussée est particulièrement glissante quand la pluie :

- commence à tomber —— A ☐
- tombe depuis longtemps —— B ☐

Ne vous y fiez pas ! C'est sur du « à peine humide » que le danger est le plus fort.

CODES ROUSSEAU

SÉRIE 3 | Grille de correction

Q	Th	R
1	C	BD
2	D	AC
3	L	A
4	U	A
5	C	AC
6	P	BC
7	S	BC
8	M	AC
9	C	ABC
10	L	AC
11	U	AC
12	D	BD
13	C	A
14	E	B
15	R	A
16	P	AC
17	C	AC
18	U	B
19	S	A
20	M	AC

Q	Th	R
21	C	B
22	R	B
23	L	C
24	U	C
25	C	B
26	D	B
27	P	AC
28	E	AC
29	C	B
30	M	B
31	U	ABD
32	R	BC
33	C	AC
34	A	A
35	S	B
36	L	AC
37	C	AC
38	E	AD
39	M	AD
40	R	A

CODES ROUSSEAU

SÉRIE 4

1

Certains médicaments délivrés sans ordonnance ont des effets néfastes sur la conduite :

OUI — A ☐

NON — B ☐

Un médicament peut avoir des effets secondaires et néfastes !

CODES ROUSSEAU

2

Pour être en règle, ce conducteur veille à laisser :

- la plaque lisible

OUI ——— A

NON ——— B

- les feux visibles

OUI ——— C

NON ——— D

Le transport d'un vélo est soumis à quelques règles (pas de camouflage !)

3

Je dépasse :

OUI — A ☐
NON — B ☐

Un panneau d'interdiction est à respecter.

CODES ROUSSEAU

4

Dans cette zone de rencontre :

- tout type d'usager est autorisé à circuler

OUI ——— A ☐

NON ——— B ☐

- la vitesse est limitée à 20 km/h

OUI ——— C ☐

NON ——— D ☐

Zone de rencontre ou zone 20, ce sont des déplacements tranquilles.

CODES ROUSSEAU

5

Les effets du cannabis peuvent provoquer :

- une modification de la perception visuelle

OUI —— A ☐

NON —— B ☐

- une baisse de vigilance

OUI —— C ☐

NON —— D ☐

Le cannabis est – après l'alcool – la substance psychoactive la plus fréquemment trouvée chez les conducteurs !

CODES ROUSSEAU

6

Qu'il fasse jour ou nuit, l'installation au volant est identique :

OUI — A

NON — B

Nuit comme jour l'installation au volant est essentielle.

CODES ROUSSEAU

7

En cas de freinage d'urgence, l'ABS agira :

- sur la voiture — A
- sur la remorque — B
- sur la voiture et la remorque — C

L'ABS est un anti-blocage des roues.

8

Mes balais d'essuie-glace sont usés :

OUI ——— A ☐

NON ——— B ☐

A force de rayer le pare-brise, les essuie-glaces deviennent inefficaces.

CODES ROUSSEAU

9

La conduite occasionne :

- une fatigue visuelle

OUI — A ☐

NON — B ☐

- une fatigue nerveuse

OUI — C ☐

NON — D ☐

Il faut savoir s'écouter et passer le volant !

CODES ROUSSEAU

10

La vitesse est limitée à :

- 90 km/h — A ☐
- 130 km/h — B ☐

Route à double sens de circulation > pas d'excès !

11

Je dépasse le cycliste :

OUI ——— A ☐

NON ——— B ☐

Prendre patience et bien jauger ses actes.

CODES ROUSSEAU

12

Opter pour la conduite supervisée après un échec à l'examen est possible à partir de :

- 16 ans —— A
- 18 ans —— B
- 20 ans —— C

Un accompagnateur pour plus de sûreté.

13

En cas d'hypertension très élevée, je consulte un médecin agréé pour savoir si je suis autorisé à conduire :

OUI ——— A

NON ——— B

Des dérèglements à prendre en compte pour plus de sécurité.

14

La consommation de carburant dépend :

- des caractéristiques techniques du véhicule

OUI —— A ☐

NON —— B ☐

- du style de conduite adopté

OUI —— C ☐

NON —— D ☐

Conduite souple pour moins de gaspillage de carburant.

15

Je freine immédiatement :

OUI — A ☐

NON — B ☐

Freiner, mais en douceur : inutile de se précipiter.

CODES ROUSSEAU

16

Ce véhicule est prêt à partir :

OUI — A ☐

NON — B ☐

Et la raclette, vous en faites quoi ?
Un déluge sur le capot ?

17

Téléphoner en conduisant augmente :

- le temps de réaction —— A ☐
- la vigilance —— B ☐
- le risque d'accident —— C ☐

Conduire ou téléphoner, il faut choisir !

18

Je reste où je suis ——— A ☐

ou

je continue d'avancer ——— B ☐

Encombrant donc je me fais tout petit.

19

En cas de choc, cette petite fille risque de graves blessures :

OUI — A ☐

NON — B ☐

Un enfant doit être plaqué sur son siège avec ceinture bouclée.

CODES ROUSSEAU

20

J'appuie sur ce bouton :

- pour démarrer le véhicule

OUI — A ☐

NON — B ☐

- pour redémarrer à un feu rouge

OUI — C ☐

NON — D ☐

Ce bouton est le démarreur, tout simplement !

CODES ROUSSEAU

21

La zone d'incertitude de ce piéton me concerne :

OUI — A ☐

NON — B ☐

Je place le pied au-dessus du frein :

OUI — C ☐

NON — D ☐

Piéton et véhicule vont se rejoindre...
J'envisage plusieurs solutions !

CODES ROUSSEAU

22

Pour m'engager :

- j'accélère — A ☐

ou

- j'attends — B ☐

Une voiture vue dans le rétro extérieur et dans la voie de gauche. Je quitte la voie d'accélération.

23

Je continue le dépassement ———— A ☐

Je renonce au dépassement ———— B ☐

Il faut savoir raison garder !

24

Je surveille plus particulièrement :

- la zone A —— A ☐
- la zone B —— B ☐

Je place le pied devant le frein :

OUI —— C ☐

NON —— D ☐

D'où peuvent survenir les usagers vulnérables ?

CODES ROUSSEAU

25

Je maintiens l'allure — A
Je ralentis — B
Je dépasse — C

Les intervalles de sécurité sont insuffisants…
Alors, vous faites quoi ?

CODES ROUSSEAU

26

J'ai perdu un point, le délai d'attente pour le récupérer est de :

- 3 mois ——— A ☐
- 6 mois ——— B ☐
- 1 an ——— C ☐

1 point c'est peu mais c'est long à récupérer !

27

Avant de monter en voiture, je contrôle :

- l'aspect des pneus

OUI — A ☐

NON — B ☐

- l'absence d'obstacles autour du véhicule

OUI — C ☐

NON — D ☐

Faire le tour du véhicule est essentiel !

CODES ROUSSEAU

28

«Covoiturer» permet :

- d'utiliser un seul véhicule pour un trajet commun

OUI ——— A ☐

NON ——— B ☐

- de partager les frais de route

OUI ——— C ☐

NON ——— D ☐

Des solutions pour dépenser moins et faire plus de rencontres...

29

Je dépasse :

OUI —— A ☐

NON —— B ☐

Et le sommet de côte ? Et le manque de visibilité ?

CODES ROUSSEAU

30

Une usure de ce type est due :

- à un gonflage trop important

OUI —— A ☐

NON —— B ☐

- à un défaut de parallélisme

OUI —— C ☐

NON —— D ☐

L'usure anormale du pneu est peut être la conséquence d'un défaut de parallélisme !

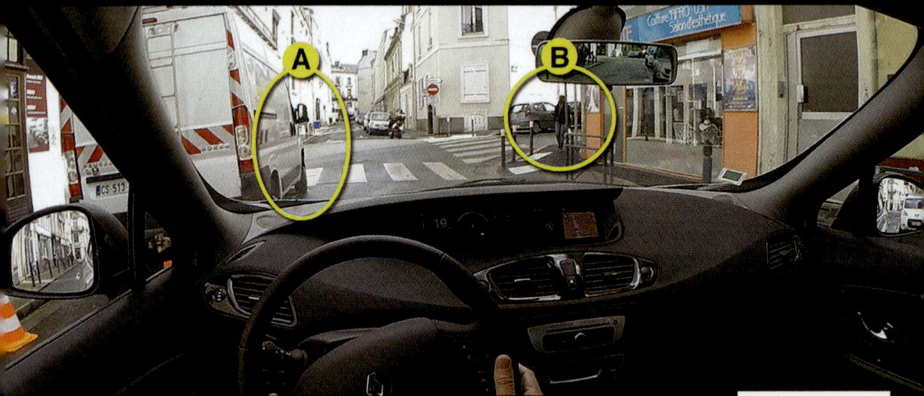

31

Je surveille particulièrement la zone :

- A ——— A ☐
- B ——— B ☐

Les indices se perdent parfois ;
il faut bien les chercher !

CODES ROUSSEAU

32

Je reste en feux de croisement :

OUI —— A ☐

NON —— B ☐

Je regarde vers l'accotement droit :

OUI —— C ☐

NON —— D ☐

En cas d'éblouissement, détourner la tête vers l'accotement !

CODES ROUSSEAU

33

Monter très fort le son de l'autoradio :

- parasite la prise d'informations — A ☐
- rend plus vigilant — B ☐
- perturbe l'attention — C ☐
- incite à rouler plus vite — D ☐

La musique est excitante sur la route ;
ça mène parfois à des écarts dangereux !

CODES ROUSSEAU

34

Pour vérifier que cette victime inconsciente respire :

- j'écoute son souffle

OUI —— A ☐

NON —— B ☐

- j'observe le mouvement de sa poitrine

OUI —— C ☐

NON —— D ☐

En cas d'accident, les victimes doivent être secourues et réconfortées.

35

Comme le système de surveillance d'angle mort n'indique rien, j'ouvre la portière sans précautions supplémentaires :

OUI ——— A ☐

NON ——— B ☐

Une torsion du corps pour une prise d'infos, ça vaut le coup !

CODES ROUSSEAU

36

La force centrifuge entraîne le véhicule :

- vers l'intérieur du virage (A) ———— A ☐
- vers l'extérieur du virage (B) ———— B ☐

La force centrifuge a tendance à faire sortir la voiture de la courbe !

37

À 70 km/h la distance de sécurité est :

- suffisante ———————————— A ☐
- insuffisante ———————————— B ☐

100 mètres d'intervalle de sécurité, ça rassure !

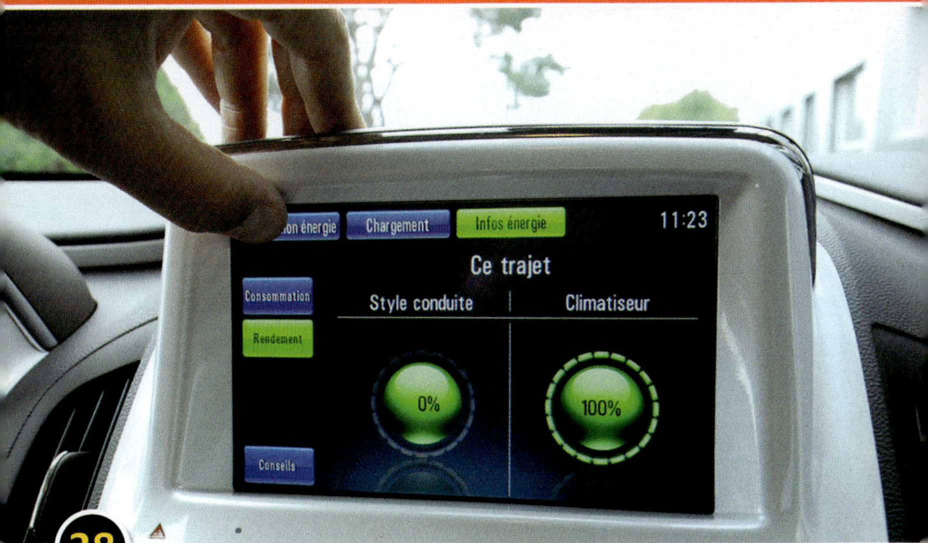

38

L'ordinateur de bord permet de vérifier que j'ai une conduite économique :

OUI ——— A ☐
NON ——— B ☐

L'ordinateur de bord est une aide à la conduite.

CODES ROUSSEAU

39

Le 1er Contrôle Technique d'une voiture neuve a lieu :

- 2 ans après sa mise en circulation —— A
- 4 ans après sa mise en circulation —— B

La visite technique est renouvelée :

- tous les 2 ans —— C
- tous les 3 ans —— D

4 ans sans contrôle technique, c'est cool, mais c'est juste pour les voitures neuves !

40

Je garde au moins 50 m de distance de sécurité :

- si je roule à 70 km/h

OUI —— A ☐

NON —— B ☐

- si je roule à 50 km/h

OUI —— C ☐

NON —— D ☐

Dans tous les cas, il faut respecter l'intervalle de 50 mètres !

CODES ROUSSEAU

SÉRIE 4 | Grille de correction

Q	Th	R
1	C	A
2	D	AC
3	L	B
4	U	AC
5	C	AC
6	P	A
7	S	A
8	M	A
9	C	AC
10	L	A
11	U	B
12	D	B
13	C	A
14	E	AC
15	R	B
16	P	B
17	C	AC
18	U	A
19	S	A
20	M	AD

Q	Th	R
21	C	AC
22	R	A
23	L	B
24	U	AC
25	C	B
26	D	B
27	P	AC
28	E	AC
29	C	B
30	M	BC
31	U	A
32	R	AC
33	C	ACD
34	A	AC
35	S	B
36	L	B
37	C	A
38	E	A
39	M	BC
40	R	AC

Le libellé de certains textes officiels peut parfois prêter à des interprétations différentes. Les textes de cet ouvrage ont été rédigés en fonction d'informations émanant des autorités compétentes; ils ne sauraient préjuger de l'appréciation souveraine des tribunaux.

Votre avis nous intéresse. Nous vous remercions à l'avance de nous faire parvenir vos suggestions : conception@codes-rousseau.fr

Photo couverture : S. de P./Hyundai - Photos intérieur : J. Boulissière/Codes Rousseau

Éditeur : Codes ROUSSEAU
135 rue des Plesses - 85 180 Le Château d'Olonne
ISBN 978-2-7095-1396-8 - Dépôt légal n° 2917 - Imprimé en C.E.E. - L25267